CW00447154

Medio horneado Cosecha Guía para principiantes del libro de cocina

Un libro probado en la cocina para vivir y comer bien cada día. Receta de la vendimia a medias, recetas para ahorrar tiempo y para una dieta sana.

Copyright 2020 por Leo Plancha - Todos los derechos reservados.

El siguiente Libro se reproduce a continuación con el objetivo de proporcionar información lo más precisa y fiable posible. Sin embargo, la compra de este libro puede considerarse como un consentimiento al hecho de que tanto el editor como el autor de este libro no son de ninguna manera expertos en los temas discutidos en el mismo y que cualquier recomendación o sugerencia que se hace aquí es sólo para fines de entretenimiento. Se debe consultar a los profesionales que sean necesarios antes de emprender cualquier acción respaldada en este libro.

Esta declaración es considerada justa y válida tanto por la American Bar Association como por el Comité de la Asociación de Editores y es legalmente vinculante en todo Estados Unidos.

Además, la transmisión, duplicación o reproducción de cualquiera de las siguientes obras, incluida la información específica, se considerará un acto ilegal, independientemente de si se realiza de forma electrónica o impresa. Esto se extiende a la creación de una copia secundaria o terciaria de la obra o de una copia grabada y sólo se permite con el consentimiento expreso por escrito de la Editorial. Todos los derechos adicionales están reservados.

La información contenida en las siguientes páginas se considera, en términos generales, una exposición veraz y exacta de los hechos y, como tal, cualquier falta de atención, uso o mal uso de la información en cuestión por parte del lector hará que cualquier acción resultante sea únicamente de su incumbencia. No existe ningún escenario en el que el editor o el autor original de esta obra puedan ser considerados de alguna manera responsables de cualquier dificultad o daño que pueda ocurrirles después de emprender la información aquí descrita.

Además, la información contenida en las páginas siguientes tiene únicamente fines informativos, por lo que debe considerarse universal. Como corresponde a su naturaleza, se presenta sin garantía de su validez prolongada ni de su calidad provisional. Las marcas comerciales que se mencionan se hacen sin el consentimiento por escrito y no pueden considerarse en modo alguno como un respaldo del titular de la marca.

ÍNDICE DE CONTENIDOS

DESAYUNO

Gnocchi al pesto

Tiempo de preparación: 5 minutos

Tiempo de cocción: 20 minutos

Porciones: 4

Ingredientes

- 1 cucharada de aceite de oliva
- 1 Cebolla finamente triturada
- 3 dientes de ajo
- 1 tarro de pesto para ñoquis en rodajas
- 1/3 de taza de queso parmesano triturado

Direcciones:

1. Mezcle el aceite, la cebolla, el ajo y los ñoquis en una sartén y póngala en la freidora de aire. Cocine durante 10 minutos y, a continuación, retire la sartén y golpee. Vuelva a poner la sartén en la freidora de aire y cocine de 8 a 13 minutos o hasta que los ñoquis estén ligeramente dorados y crujientes.
2. Sacar la sartén de la freidora de aire. Añada el pesto y el queso parmesano, y sirva de inmediato.

Nutrición: 384 Calorías 25,7g Grasas 28,7g Carbohidratos 11,3g Proteínas

Sándwiches de camarones y queso a la parrilla

Tiempo de preparación: 10 minutos

Tiempo de cocción: 5 minutos

Raciones: 2

Ingredientes

- 1/4 de taza de Col de Cheddar en rodajas
- 1 lata de gambas pequeñas,
- 3 cucharadas de mayonesa
- 4 rebanadas de pan de trigo
- 2 cucharadas de mantequilla

Direcciones:

1. En un tazón, mezcle el queso, los camarones, la mayonesa y la cebolla verde, y revuelva bien.
2. Espolvorear la mezcla sobre dos de las rebanadas de pan. Disponga de una cobertura con las otras rebanadas de pan para hacer dos sándwiches. Rociar los sándwiches ligeramente con mantequilla.
3. Hornear en la freidora durante 5 a 7 minutos o hasta que el pan esté dorado y crujiente y el queso esté fundido. Cortar por la mitad y servir.

Nutrición: 490 Calorías 65g Carbohidratos 11g Grasas 32g Proteínas

Vieiras al vapor con eneldo

Tiempo de preparación: 5 minutos

Tiempo de cocción: 4 minutos

Porciones: 4

Ingredientes

- 1 libra de vieiras
- 1 cucharada de zumo de limón
- 2 cucharaditas de aceite de oliva
- 1 cucharadita de eneldo seco
- Una pizca de sal y pimienta

Direcciones:

1. Confirmar las vieiras para un pequeño músculo conectado al lado, y sacarlo y quitarlo. Voltee las vieiras con el jugo de limón, el aceite de oliva, el eneldo, la sal y la pimienta. Colóquelas en la cesta de la freidora.
2. Consiga el vapor durante 4 o 5 minutos, volteando la cesta una vez mientras se cocina, a menos que las vieiras estén sólidas al probarlas con el dedo. La temperatura interior debe ser de 62 Celsius como mínimo.

Nutrición: 90 Calorías 0,5g Grasas 5g Carbohidratos 4,6g Proteínas

Bistec Tex-Mex

Tiempo de preparación: 25 minutos

Tiempo de cocción: 20 minutos

Raciones: 2

Ingredientes

- 1 libra de filete de falda
- 1 chile chipotle en salsa de adobo, triturado
- 2 cucharadas de salsa de adobo
- 1/3 de cucharadita de pimienta
- 1/8 cucharadita de copos de pimienta roja triturados

Direcciones:

1. Corta el filete en cuatro trozos y ponlos en un plato. En un tazón, mezcle el chile chipotle triturado, la salsa de adobo, la sal, la pimienta y las hojuelas de pimiento rojo trituradas. Espolvorear sobre los filetes por ambos lados.
2. Deje reposar los filetes a temperatura ambiente durante al menos 20 minutos, o enfríelos hasta 12 horas.
3. Cocina los filetes, de dos en dos, en la cesta de la freidora de aire durante 10 minutos, a menos que los filetes se calienten. Vuelve a hacerlo con el resto de los filetes mientras reposan los del primero, envueltos con papel de aluminio.
4. Incluir los filetes cocidos a los que han estado reposando y todo el resto durante otros 5 minutos. Cortarlos finamente a lo largo del grano para servirlos.

Nutrición: 332 Calorías 12g Grasas 16g Proteínas 36g Cangrejos

Patatas fritas

Tiempo de preparación: 5 minutos

Tiempo de cocción: 20 minutos

Porciones: 4

Ingredientes

- 2 tazas de patatas refrigeradas
- 2 dientes de ajo machacados
- Una pizca de sal y pimienta
- 3/4 de taza de nata líquida
- ¾ de taza de nata líquida

Direcciones:

1. Poner una capa de las patatas, el ajo, la sal y la pimienta en una sartén de 6 por 6 de 2 pulgadas. De manera lenta vierta la crema por encima.
2. Hornéelas durante 15 minutos hasta que las patatas se doren por encima y se ablanden. Compruebe el estado y, si es necesario, hornee durante 5 minutos hasta que se doren.

Nutrición: 190 Calorías 7g Grasas 5g Proteínas 26.2g Carbohidratos

Zanahorias con ajo y sésamo

Tiempo de preparación: 5 minutos

Tiempo de cocción: 16 minutos

Porciones: 3

Ingredientes

- 1 libra de zanahorias pequeñas
- 1 cucharada de aceite de sésamo
- ½ cucharadita de eneldo deshidratado
- 6 dientes de ajo
- 2 cucharadas de semillas de sésamo

Direcciones:

1. Ponga las zanahorias baby en un bol y agítelas con el aceite de sésamo, luego añada el eneldo, la sal y la pimienta y déle la vuelta para cubrirlas bien.
2. Ponga las zanahorias en la lata de almacenamiento de la freidora de aire. Asar durante 8 minutos y luego remover la cesta una vez mientras se cocina.
3. Incluya el ajo en la freidora de aire y ase durante más 8 minutos y remueva la cesta mientras se cocina, a menos que el ajo y las zanahorias se doren.
4. Páselos todos a una fuente de servir y úntelos con las semillas de sésamo antes de servirlos.

Nutrición: 160 Calorías 11g Grasas 3g Proteínas 12g Carbohidratos

Raciones:

Ingredientes

Elaboración

Coles de Bruselas asadas

Tiempo de preparación: 8 minutos

Tiempo de cocción: 20 minutos

Porción: 3

Ingredientes

- 1 libra de coles de Bruselas
- 1 cucharada de aceite de oliva
- ½ cucharadita de sal
- 1/8 de cucharadita de pimienta
- ¼ de queso parmesano triturado

Direcciones:

1. Limpie las bases de las coles de Bruselas y retire las hojas manchadas. Dales la vuelta con el aceite de oliva, la sal y la pimienta, y colócalas en la cesta de la freidora de aire.
2. Hornee durante 20 minutos, agitando la cesta de la freidora de aire dos veces durante el tiempo de cocción, a menos que las coles de Bruselas se doren y queden crujientes.
3. Pasar las coles de Bruselas a un plato y voltearlas con el queso parmesano. Servir de inmediato.

Nutrición: 43,5 Calorías 2,2g Grasas 1,9g Proteínas 5,5g Carbohidratos

Palitos de ajo y romero

Tiempo de preparación: 20 minutos

Tiempo de cocción: 30 minutos

Porciones: 18

Ingredientes

- ½ taza de mezcla de harina de arroz multiuso
- ½ cucharadita de romero seco, machacado
- ½ cucharadita de goma xantana
- ¼ de cucharadita de sal
- ½ taza de agua
- ¼ de taza de mantequilla
- 1 diente de ajo pequeño, picado finamente
- 2 huevos
- 2 cucharaditas de semillas de amapola

Direcciones

1. Precalentar el horno a 400 grados F.
2. En un bol, mezclar la mezcla de harina, la goma xantana, el romero y la sal.
3. En una cacerola, añadir el agua, la mantequilla y el ajo y llevar a ebullición. Reducir el fuego a bajo. Añadir la mezcla de harina y cocinar durante aproximadamente 1 minuto o hasta que se forme una bola, removiendo continua y enérgicamente. Dejar que se enfríe durante unos 5 minutos. Incorporar los huevos, de uno en uno, y

batir bien después de cada adición hasta que estén bien mezclados.

4. En una bolsa de plástico con cierre, coloque la masa. Selle la bolsa y haga un agujero de ½ pulgada en una esquina. Con las manos, retuerza la bolsa por la parte superior. Ahora, coloca la masa en tiras finas de 8 pulgadas en una bandeja para hornear sin engrasar y espolvorea con las semillas de amapola.

5. Hornear durante 20-25 minutos. Sacar del horno y colocar el molde sobre una rejilla para que se enfríe un poco antes de servir.

Nutrición: 35 Calorías 3,2g Grasa total: 0,8g Proteínas 1g Carbohidratos

Palitos de sésamo

Tiempo de preparación: 20 minutos

Tiempo de cocción: 25 minutos

Porciones: 32

Ingredientes

- 2¼ cucharaditas de levadura seca de acción rápida
- 2-2¼ tazas de harina común
- 2/3 de taza de agua caliente
- 1 cucharada de azúcar granulado
- 1 cucharadita de sal marina
- 1/3 de taza de aceite de oliva
- 1 clara de huevo grande
- 1 cucharada de agua fría
- 1½ cucharaditas de semillas de sésamo

Direcciones

1. En un recipiente grande, coloque la levadura y el agua tibia y mezcle hasta que estén bien mezclados. Añada 1 taza de harina, el azúcar, 1 cucharadita de sal y ¼ de taza de aceite y, con una batidora eléctrica, bata a velocidad media hasta que esté suave. Añadir la cantidad suficiente de harina restante, ½ taza cada vez y con una cuchara de madera, mezclar hasta que se forme una masa ligeramente pegajosa.

2. Colocar la masa en una superficie ligeramente enharinada y, con las manos, amasar hasta que la masa

esté suave y elástica. Formar la masa en un rollo de 10 pulgadas de largo y luego, cortar en 32 piezas de igual tamaño en sentido transversal. Ahora, enrolle cada pieza en un palito de 8 pulgadas de largo. Coloque los palitos de pan en bandejas para hornear engrasadas con una separación de 1 pulgada. en bandejas para hornear y cubra con el aceite restante. Con una envoltura de plástico engrasada, cubra cada bandeja para hornear sin apretar y déjela en un lugar cálido durante unos 20 minutos.

3. Prepare el horno a 350 grados y coloque una rejilla en el centro del horno.

4. En un bol pequeño, poner la clara de huevo y 1 cucharada de agua y batir ligeramente. Cubrir la parte superior de los palitos de pan con el lavado de huevo y espolvorear con semillas de sésamo.

5. Hornear durante unos 20-25 minutos. Saque del horno y transfiera las bandejas de hornear a rejillas para que se enfríen ligeramente antes de servir.

Nutrición: 54 Calorías 2,3g Grasa total: 1,2g Proteínas 7,2g Carbohidratos

APERITIVO5 Y GUARNICIONES

Zanahorias y cebollas asadas al balsámico

Tiempo de preparación: 10 minutos

Tiempo de cocción: 50 minutos

Raciones: 4-5

Ingredientes:

- 2 racimos de zanahorias baby, lavadas y con las puntas recortadas
- 10 cebollas pequeñas, peladas y cortadas por la mitad
- 4 cucharadas de azúcar moreno
- 1 cucharadita de tomillo
- 2 cucharadas de aceite de oliva virgen extra

Direcciones:

1. Precalentar el horno a 350 F. Forrar una bandeja de horno con papel de hornear.
2. Poner las zanahorias, la cebolla, el tomillo y el aceite en un bol grande y remover hasta que estén bien cubiertas. Colocar las zanahorias y la cebolla, en una sola capa, en la bandeja de horno. Asar durante 25 minutos o hasta que estén tiernas.
3. Espolvorear con el azúcar y el vinagre y remover para cubrir. Asar durante 25-30 minutos más o hasta que las verduras estén tiernas y caramelizadas. Sazonar con sal y pimienta al gusto y servir.

Nutrición: Calorías: 287 Grasas: 9,6g Fibra: 7g Carbohidratos: 28,9g
Proteínas: 9g

Ensalada de zanahoria picante

Tiempo de preparación: 10 minutos

Tiempo de cocción: 0 minutos

Raciones: 4-5

Ingredientes:

- 4 zanahorias ralladas
- 1 manzana, pelada, descorazonada y rallada
- 2 dientes de ajo machacados
- 1/2 taza de eneldo fresco, cortado muy fino
- 1 cucharada de semillas de sésamo
- 2 cucharadas de zumo de limón
- 1 cucharada de miel
- 1/2 cucharadita de comino
- 1/2 cucharadita de jengibre rallado
- Sal y pimienta, al gusto

Direcciones:

1. Combine todos los ingredientes en una ensaladera profunda. Mezclar para combinar, enfriar durante 30 minutos, cubrir con semillas de sésamo y servir.

Nutrición: Calorías: 170 Grasas: 4,5g Fibra: 7g Carbohidratos: 22,2g Proteínas: 4g

Ensalada de col abundante y cremosa

Tiempo de preparación: 10 minutos

Tiempo de cocción: 0 minutos

Raciones: 4-5

Ingredientes:

- 1 cabeza de col, finamente rallada
- 2 zanahorias, picadas finamente
- 2 cucharadas de cebolla finamente picada
- ⅓ taza de azúcar blanco
- ¼ de taza de suero de leche bajo en grasa
- 2 cucharadas de zumo de limón
- 2 cucharaditas de mostaza de Dijon
- ¼ de taza de yogur griego
- 2 cucharadas de vinagre de sidra de manzana
- ¼ de cucharadita de semillas de apio
- ½ cucharadita de sal
- ¼ de cucharadita de pimienta negra molida

Direcciones:

1. En una ensaladera grande, mezclar la col, las zanahorias y la cebolla. En otro recipiente, bata el azúcar, el suero de leche, el zumo de limón, la mostaza, el vinagre, las semillas de apio y la sal y la pimienta hasta que la mezcla esté suave y el azúcar se haya disuelto. Vierta el aliño sobre la mezcla de coles. Tapar el bol y refrigerar durante al menos 2 horas. Vuelva a mezclar la ensalada de col antes de servirla.

Nutrición: Calorías: 195 Grasas: 8,7g Fibra: 4g Carbohidratos: 19,8g Proteínas: 4g

---

Pan de maíz de hierro fundido con suero de leche

Tiempo de preparación: 15 minutos

Tiempo de cocción: 25- 30 minutos

Porciones: 8

Ingredientes:

- 3 cucharadas de mantequilla
- 1 taza de harina de uso general
- ½ cucharadita de bicarbonato de sodio
- 1 cucharadita de polvo de hornear
- 1 taza de harina de maíz amarilla
- 2 huevos grandes
- 2 tazas de suero de leche
- 2 cucharadas de azúcar blanco

Direcciones:

1. Precaliente el horno a 375°F. Coloque la mantequilla en una sartén de hierro fundido de 10 pulgadas y métala en el horno mientras prepara la masa. En un tazón grande, bata la harina, el bicarbonato de sodio y el polvo para hornear. Añadir la harina de maíz y mezclar hasta que los ingredientes estén bien mezclados. En otro bol, bata los huevos y el suero de leche. Añada el azúcar y mezcle hasta que el azúcar se disuelva. Saque con cuidado la sartén de hierro fundido del horno, e incline la sartén

hasta que esté completamente cubierta de mantequilla. Verter la mantequilla restante en la mezcla de huevos. Añada los ingredientes húmedos a los secos y mezcle hasta que la masa sea homogénea. Vierta la masa en la sartén de hierro fundido y métala en el horno. Hornee durante 25-30 minutos, o hasta que el pan de maíz esté dorado y se mueva al presionarlo.

Nutrición: Calorías: 277 Grasas: 9,8g Fibra: 6,5g Carbohidratos: 35,1g Proteínas: 4g

Ñames confitados

Tiempo de preparación: 7 minutos

Tiempo de cocción: 45 minutos

Porciones: 8

Ingredientes:

- 2 boniatos medianos, cortados en dados de 5 centímetros
- Zumo de 1 naranja grande
- 2 cucharadas de mantequilla vegetal no hidrogenada sin sal
- 1½ cucharaditas de canela molida
- ¾ cucharadita de nuez moscada molida
- ¼ de cucharadita de jengibre molido
- ⅛ Cucharadita de clavo molido

Direcciones:

1. Precalentar el horno a 350°F.En una bandeja para hornear con borde, disponer los dados de ñame en una sola capa. En una olla mediana, combine el jugo de naranja, la mantequilla, la canela, la nuez moscada, el jengibre y los clavos de olor y cocine a fuego medio-bajo durante 3 a 5 minutos, o hasta que los ingredientes se unan y espesen. Vierta la mezcla de zumo caliente sobre los boniatos, dándoles la vuelta para asegurarse de que se cubren uniformemente. Lleve la bandeja al horno y hornee durante 40 minutos o hasta que los boniatos estén tiernos.

Nutrición: Calorías: 346 Grasas: 12,6g Fibra: 4,5g
Carbohidratos: 32,2g Proteínas: 5g

ALMUERZO

Parcelas de cerdo y tocino

Tiempo de preparación: 5 minutos

Tiempo de cocción: 40 minutos

Porciones: 4

Ingredientes:

- Cuatro tiras de tocino
- 2 cucharadas de perejil fresco picado
- Cuatro chuletas de lomo de cerdo deshuesadas
- 1/3 de taza de requesón
- 1 cucharada de aceite de oliva
- Una cebolla picada
- 1 cucharada de ajo en polvo
- Dos tomates picados
- 1/3 de taza de caldo de pollo
- Sal y pimienta negra, al gusto

Direcciones:

1. Coloca una tira de bacon encima de cada chuleta, reparte el perejil y el requesón por encima.
2. Enrolle cada pieza de cerdo y asegúrela con palillos.

3. Poner una sartén a fuego medio y calentar el aceite, cocinar los paquetes de cerdo hasta que estén dorados y retirarlos a un plato.

4. Añadir la cebolla y cocinar durante 5 minutos.

5. Vierta el caldo de pollo y el ajo en polvo, y cocine durante 3 minutos.

6. Deshazte de los palillos de los panecillos y devuélvelos a la sartén.

7. Incorpore la pimienta negra, la sal, el perejil y los tomates, lleve a ebullición, ponga el fuego a medio-bajo y cocine durante 25 minutos tapado. Servir.

Nutrición: Cal 433; Carbohidratos netos 6,8g; Grasas 23g; Proteínas 44,6g

Ricas costillas en salsa bearnesa

Tiempo de preparación: 5 minutos

Tiempo de cocción: 30 minutos

Porciones: 4

Ingredientes:

- 3 cucharadas de mantequilla derretida
- Cuatro yemas de huevo, batidas
- 2 cucharadas de estragón picado
- 2 cucharaditas de vinagre de vino blanco
- ½ cucharadita de cebolla en polvo
- Sal y pimienta negra al gusto
- 4 cucharadas de mantequilla
- 2 libras de costillas, divididas en 16

Direcciones:

1. En un cuenco, bata la mantequilla poco a poco con las yemas de huevo hasta que se mezclen uniformemente.
2. En otro bol, combine el estragón, el vinagre de vino blanco y la cebolla en polvo.
3. Mezclar con la mezcla de huevos y sazonar con sal y pimienta negra; reservar.
4. Derretir la mantequilla en una sartén a fuego medio. Sazona las costillas por ambos lados con sal y pimienta.
5. Cocinar en la mantequilla por ambos lados hasta que se dore con una corteza, minutos.

---

6. Reparte las costillas en los platos y sírvelas con la salsa bearnesa al lado y unos espárragos estofados.

Nutrición: Cal 878; Carbohidratos netos 1g; Grasas 78g; Proteínas 41g

Bistec Salisbury

Tiempo de preparación: 5 minutos

Tiempo de cocción: 25 minutos

Porciones: 6

Ingredientes:

- 2 libras de carne molida
- 1 cucharada de copos de cebolla
- ¾ de harina de almendra
- ¼ de taza de caldo de carne
- 1 cucharada de perejil picado
- 1 cucharada de salsa Worcestershire

Direcciones:

1. Combine todos los ingredientes en un bol.
2. Mezclar bien y hacer seis hamburguesas con la mezcla.
3. Colóquelos en una bandeja para hornear forrada.
4. Hornee a 375 F durante unos minutos. Servir.

Nutrición: Cal 354; Carbohidratos netos 2,5g; Grasa 28g; Proteína 27g

Delicioso guiso de cerdo

Tiempo de preparación: 5 minutos

Tiempo de cocción: 1 hora y 20 minutos

Porciones: 12

Ingredientes:

- Dos cucharadas de aceite de coco
- 4 libras de carne de cerdo, cortada en cubos
- Sal y pimienta negra al gusto
- Dos cucharadas de ghee
- Tres dientes de ajo picados
- ¾ de taza de caldo de carne
- ¾ de taza de vinagre de sidra de manzana
- Tres zanahorias picadas
- Una cabeza de col, rallada
- ½ taza de cebolla verde picada
- 1 taza de nata para montar

Direcciones:

1. Caliente una sartén con el ghee y el aceite a fuego medio-alto, añada la carne de cerdo y dórela durante unos minutos por cada lado.
2. Añadir el vinagre y el caldo, remover bien y llevar a fuego lento.
3. Añadir la col, el ajo, la sal y la pimienta, remover, tapar y cocinar durante 1 hora.

4. Añadir las zanahorias y las cebollas verdes, remover y cocinar durante 15 minutos más.
5. Añadir la nata montada, remover durante 1 minuto, repartir en los platos y servir.
6. **Que lo disfrutes.**

Nutrición: Calorías 400 Grasas 25 Fibra 3 Carbohidratos 6 Proteínas 43

Tiempo de preparación: 5 minutos

Tiempo de cocción: 30 minutos

Porciones: 4

Ingredientes:

- 4 (4 onzas) chuletas de cerdo deshuesadas
- Sal
- Pimienta negra recién molida
- Cuatro cucharadas de mantequilla
- 8 onzas de champiñones cortados en rodajas
- 4 onzas de prosciutto, picado
- Un diente de ajo picado
- ½ taza de vino de cocina Marsala
- *½ taza de* caldo de huesos
- Una cucharadita de tomillo fresco picado
- ½ cucharadita de goma xantana o guar,
- Perejil fresco picado para decorar

Direcciones:

1. Espolvorear las chuletas con pimienta y sal.
2. Calentar una sartén grande a fuego medio-alto y derretir dos cucharadas de mantequilla. Añada las chuletas y cocínelas durante al menos 5 minutos por cada lado hasta que estén completamente cocidas. Retirar las chuletas de la sartén.

3. Bajar el fuego a medio-bajo y añadir las dos cucharadas restantes de mantequilla. Añada los champiñones, el jamón serrano y el ajo y cocine, removiendo frecuentemente, hasta que los champiñones se doren, unos 5 minutos.
4. Añadir el vino, el caldo de huesos y el tomillo.
5. Cocer durante unos 15 minutos hasta que la salsa espese. Añadir la goma xantana para espesar aún más la salsa. Vuelva a poner la carne de cerdo en la sartén y suba el fuego a medio-alto. Cocinar hasta que las chuletas estén bien calientes.
6. Servir adornado con perejil.

Nutrición: Calorías: 339 Grasas totales: 19g Proteínas: 36g Carbohidratos totales: 6g

cba 2014 foodthoers foraging

CENA

Pavo asado con manzanas

Tiempo de preparación: 10 minutos

Tiempo de cocción: 25 minutos

Porción: 2

Ingredientes

- 2 escalopes de pavo
- 1 cucharada de aceite vegetal
- ¼ de taza de jarabe de arce
- 1 manzana verde
- 2 cucharadas de caldo de pollo concentrado

Direcciones:

1. Pelar la manzana de la piel y quitar el corazón. Cortar en rodajas finas. En una sartén profunda, calentar el aceite vegetal a fuego medio. Extender la carne y freírla por ambos lados hasta que esté cocida y aparezca una corteza de color marrón claro.

2. Añada las manzanas y fríalas a fuego lento en una sartén, luego añada el jarabe de arce y el caldo. Cocinar hasta que las manzanas estén blandas. Poner el pavo en los platos, colocar las manzanas encima y verter la salsa.

Nutrición: 1191 Calorías 38,8g Proteínas 95g Grasas 45g Carbohidratos

Fajitas de pollo

Tiempo de preparación: 10 minutos

Tiempo de cocción: 20 minutos

Porción: 4

Ingredientes

- 3 pimiento dulce
- 35 oz. Filete de pollo
- 4 Chiles
- 2 judías enlatadas
- Aceite vegetal

Direcciones

1. En aceite caliente, freír las rodajas de pimiento. Añade el filete de pollo cortado en dados, fríe ligeramente y añade sal. Añade los chiles picados y los frijoles enlatados. Cubrir con la tapa y cocer a fuego lento hasta que estén tiernos durante 10 minutos.
2. Servir con crema agria.

Nutrición: 1191 Calorías 38g Proteínas 91g Grasas 42g Carbohidratos

Tonkatsu

Tiempo de preparación: 15 minutos

Tiempo de cocción: 15 minutos

Porción: 1

Ingredientes

- 3.5 oz. Cerdo
- 0.5 oz. Migas molidas
- 0.17 oz. Harina de trigo
- 1 huevo de gallina

Direcciones:

1. Cortar la carne en rodajas finas. Pasar cada trozo por harina, luego por huevo ligeramente batido y después por pan rallado. Freír en aceite bien caliente hasta que esté tierna y dorada.

Nutrición: 305 Calorías 28g Proteínas 14g Grasas 15g Carbohidratos

Carne de jengibre

Tiempo de preparación: 5 minutos

Tiempo de cocción: 35 minutos

Porción: 2

Ingredientes:

- 14 oz. Ternera
- 0.7 oz. Mantequilla
- 2 cucharadas de mostaza de grano entero
- 0.7 oz Jengibre fresco
- Harina de trigo al gusto

Direcciones:

1. Derretir la mantequilla en una sartén. Cortar el jengibre y echarlo en la sartén, reducir el fuego. Añadir la mostaza. Cortar la carne en tiras. Echar la carne en la sartén y cocinar hasta que esté casi lista.
2. Añadir harina para que la masa espese. Cocinar hasta que esté lista. Si quieres, puedes añadir unas cebollas verdes.

Nutrición: 321 Calorías 43g Proteínas 15g Grasas 2,7g Carbohidratos

Carne picada Brizol

Tiempo de preparación: 10 minutos

Tiempo de cocción: 20 minutos

Porción: 4

Ingredientes

- 14 oz. Carne picada
- 5 Huevos de gallina
- 1 Cebolla
- 4 cucharadas de harina de trigo

Direcciones

1. Mezclar la carne picada. Añadir cebolla picada, pimienta y sal al gusto. Añadir un huevo crudo a la masa. Dividir en 4 partes iguales. En un bol aparte, batir un huevo. Verter en un plato llano.
2. En una tabla espolvoreada con harina, enrolle una parte de la carne de acuerdo con el diámetro de la sartén en la que se cocinará el brizol.
3. Sugerencia! También puedes extender la carne picada entre papel de cocina (para que no se pegue al rodillo y sea más cómodo pasarla a un plato).
4. Añadir un par de cucharadas de aceite vegetal a la sartén. Coloque la carne picada formada en el plato con el huevo, poniéndola suavemente encima. A continuación, deslice con cuidado todo el plato sobre la

sartén caliente, de modo que el huevo quede en el fondo y la carne en la parte superior.

5. Una vez que la base de huevo esté ligeramente dorada, dale la vuelta al brizol y fríelo hasta que esté cocido.

Nutrición: 475 Calorías 23g Proteínas 38g Grasas 17g Carbohidratos

Dorado en el horno

Tiempo de preparación: 10 minutos

Tiempo de cocción: 15 minutos

Porción: 1

Ingredientes

- 1 Dorado
- 1 Limón
- 1 manojo de albahaca fresca
- 0.7 oz. Aceite de oliva

Direcciones

1. Precalentar el horno a 392°F. Limpiar y destripar el pescado, enjuagarlo y secarlo bien. Aplique un poco de aceite de oliva en la mitad de la hoja de papel de aluminio. Colocar el pescado allí, salpimentar ambos lados y rociar con aceite de oliva.
2. Cortar la mitad del limón en rodajas finas. Exprime el zumo de la otra mitad sobre el pescado. Poner las rodajas de limón junto con la albahaca verde fresca en el vientre del pescado. Envuelve el pescado en papel de aluminio y métlo en el horno. Hornea durante 20-25 minutos.

Nutrición: 591 Calorías 73.8g Proteínas 32.3g Grasas 4.9g Carbohidratos

Chuletas de ternera con costra de panko y crema de acedera

Tiempo de preparación: 25 minutos

Tiempo de cocción: 55 minutos

Porciones: 4

Ingredientes

- 1 taza de crème fraiche
- 4 onzas de hojas de acedera empaquetadas (2 tazas); con el tallo, las hojas cortadas en tiras de ⅓".
- 1 cucharada de zumo de limón recién exprimido
- 2 huevos grandes
- Harina de uso general, para el dragado
- 1 ½ tazas de pan rallado Panko
- 1 cucharada de leche
- Cuatro chuletas de ternera de 1" de grosor
- 3 cucharadas de aceite de oliva virgen extra
- Cáscara de 1 limón, finamente rallada
- 3 cucharadas de aceite vegetal
- Pimienta negra recién molida y sal al gusto

Direcciones

1. Precalentar el horno a 350 F. En una cacerola pequeña, a fuego moderado, poner a hervir a fuego lento la crème fraiche durante 12 a 15 minutos, hasta que se reduzca a ½ taza. Incorporar el zumo de limón y las hojas de

acedera; dejar cocer a fuego lento durante 5 minutos más, hasta que la acedera se derrita en la salsa. Sazone la salsa con pimienta y sal; retire la sartén del fuego.

2. Poner la harina en un cuenco poco profundo. Bata los huevos con la leche en otro recipiente poco profundo. Mezclar el panko con la ralladura de limón en un tercer recipiente poco profundo. Sazona las chuletas de ternera con pimienta y sal; pásalas por la harina; sacude el exceso de harina y sumérgelas en la mezcla de huevo; deja que el exceso escurra. Cubrir las chuletas de ternera con panko, presionando para que las migas se adhieran.

3. Ahora, calienta el aceite vegetal con aceite de oliva a fuego moderado en una sartén grande hasta que empiece a brillar. Añade 2 de las chuletas de ternera en la sartén caliente y cocínalas de 2 a 3 minutos, hasta que estén doradas y crujientes. Bajar el fuego a moderado, dar la vuelta a las chuletas de ternera y cocinar durante 2 minutos más, hasta que estén doradas y crujientes. Pasar las chuletas de ternera a una bandeja de horno grande con borde. Repita la operación con las chuletas sobrantes.

4. Cocer en el horno precalentado de 12 a 15 minutos, dándoles la vuelta una vez. Volver a calentar la crema de acedera a fuego lento. Colocar las chuletas de ternera en cuatro platos, cubrirlas con la crema de acedera y servirlas inmediatamente.

Nutrición: 374 calorías 12,1g de grasas 3,7g de fibra

Guiso de cerdo y tomate salteado

Tiempo de preparación: 45 minutos

Tiempo de cocción: 55 minutos

Porciones: 8

Ingredientes

- 2 libras de perejil de hoja plana picado, más para decorar
- 1 ½ libras de paleta de cerdo deshuesada
- 12 tomates 'Príncipe Borghese'
- 2 ½ libras de frijoles con cáscara, frescos
- 1 ½ cebollas medianas
- 2 cucharadas de perejil de hoja plana, picado grueso
- 1 ½ puerros
- 15 dientes de ajo
- ¾ de taza de vino tinto
- 6 ramitas de orégano fresco
- ¾ de libra de judías verdes
- 8 rebanadas de pan de campo
- ¼ de cucharadita de pimienta de cayena, más al gusto
- 3 cucharadas de aceite de oliva
- Pimienta recién molida y sal al gusto

Direcciones

1. Precaliente el horno a 375 F. Extienda los tomates en 2 bandejas para hornear forradas con pergamino y espolvoree con 1 cucharadita de sal. Asar en el horno precalentado durante 40 minutos. Deje que se enfríen y

luego transfiéralos a una tabla de cortar limpia y píquelos en trozos grandes; resérvelos hasta que los vaya a utilizar.

2. Mientras tanto, mezcle la carne de cerdo con 6 cucharadas de perejil y ajo picado en un bol grande; déjelo reposar durante media hora.

3. Ahora, calienta 1½ cucharadas de aceite de oliva a fuego lento en una olla grande hasta que esté caliente. Una vez hecho esto, añada las cebollas y luego los puerros y el ajo en rodajas y cocine hasta que las cebollas estén blandas, de 10 a 12 minutos, removiendo de vez en cuando. Añada el vino tinto, suba el fuego y siga cocinando de 6 a 8 minutos más, hasta que el líquido se reduzca a la mitad. Añade el perejil sobrante, las alubias de cáscara, el orégano y el agua (suficiente para cubrir un cuarto de pulgada). Lleva todo junto a ebullición y luego baja el fuego a fuego lento; cocina durante 10 minutos más, sin tapar. Añade las judías verdes, la cayena y 1½ cucharaditas de sal; sigue cociendo a fuego lento de 12 a 15 minutos, hasta que las judías estén tiernas. No dude en añadir más cayena y sal, si es necesario. Reservar y mantener caliente.

4. En una sartén grande y a fuego alto, calentar el aceite de oliva sobrante durante 2 ó 3 minutos, hasta que empiece a humear. Añada la mezcla de cerdo y saltee durante 4 o 5 minutos, hasta que esté bien cocido, removiendo con frecuencia. Añada los tomates reservados y sazone con sal. Transfiera la mezcla de tomate y cerdo a la mezcla de frijoles reservada; revuelva bien los ingredientes

—

hasta que se combinen bien. Sirva en cuencos poco profundos y adorne con perejil fresco. Servir con rebanadas de pan y disfrutar.

Nutrición: 341 calorías 12,4g de grasas 4,8g de fibra

La mejor salchicha de la historia con pimientos, cebollas y cerveza

Tiempo de preparación: 25 minutos

Tiempo de cocción: 35 minutos

Porciones: 6

Ingredientes

- 3 libras de salchichas italianas
- 2 pimientos verdes, cortados en rodajas
- 3 pimientos rojos, cortados en rodajas
- 2 cebollas rojas grandes, cortadas en rodajas
- 3 dientes de ajo picados
- 2 botellas de cerveza (12 onzas líquidas)
- 3 cucharadas de orégano fresco picado
- 1 lata de pasta de tomate (6 onzas)
- 3 cucharadas de cilantro fresco picado
- 2 cucharadas de salsa picante
- 3 cucharadas de aceite de oliva
- Pimienta y sal al gusto

Direcciones

1. En una sartén grande y pesada, caliente el aceite de oliva a fuego medio-alto. Una vez caliente, añada y cocine las salchichas hasta que se doren por todos los lados. Retirar la salchicha de la sartén y dejarla a un lado hasta que se vaya a utilizar.

---

2. Desglasea la sartén vertiendo una botella de cerveza, raspando los trozos ennegrecidos del fondo. Coloque los pimientos verdes, los pimientos rojos, el ajo y las cebollas en la sartén. Añada la cerveza y la pasta de tomate sobrantes. Sazone con salsa picante, cilantro, orégano, pimienta y sal.

3. Tapar y dejar cocer a fuego lento durante un par de minutos, hasta que los pimientos y las cebollas estén tiernos. Corta las salchichas en trozos pequeños y añádelas a los pimientos. Tapa y deja cocer a fuego lento hasta que las salchichas estén bien cocidas.

Nutrición: 381 calorías 11,9g de grasas 4g de fibra

Filete de falda a la parrilla con chimichurri de vino tinto

Tiempo de preparación: 15 minutos

Tiempo de cocción: 20 minutos

Porciones: 8

Ingredientes

- 5 libras de filete de falda
- 2 jalapeños
- 3 cucharadas de vino tinto seco
- 1 diente de ajo
- 3 cucharadas de zumo de lima, recién exprimido
- 1 cucharada de vinagre balsámico
- 2 tazas de cilantro y perejil frescos
- ½ taza de aceite de oliva
- Pimienta recién molida y sal al gusto

Direcciones

1. Licuar el perejil junto con el jugo de limón, el cilantro, el vino tinto seco, el aceite de oliva, los jalapeños, el vinagre balsámico, el diente de ajo y 2 cucharadas de agua en una licuadora. Sazone con sal al gusto.
2. Caliente la parrilla a fuego alto. Sazona los filetes con pimienta y sal. Asar durante 6 minutos por cada lado para que queden a punto y 4 minutos para que queden poco hechos, hasta conseguir el punto deseado. Deje

reposar durante 10 minutos; sirva con la salsa preparada y disfrute.

Nutrición: 359 calorías 12,7g de grasas 4,8g de fibra

SOPA Y GUISADOS

La mejor sopa de brócoli y patatas

Tiempo de preparación: 15 minutos

Tiempo de cocción: 25 minutos

Raciones: 3-4

Ingredientes

- cucharadas de mantequilla
- 1 cebolla picada
- dientes de ajo machacados
- 1 patata blanca grande, cortada en cubos
- 8 tazas de ramilletes y tallos de brócoli
- sal y pimienta negra molida al gusto
- tazas de caldo de pollo
- cucharadas de mantequilla
- cucharadas de harina común
- 1 taza de leche
- 1 taza de nata para montar

Direcciones:

1   En una olla, calentar 2 cucharadas de mantequilla a fuego medio; remover y cocinar el ajo y la cebolla en la mantequilla caliente durante 8-10 minutos hasta que

estén blandos. Añadir los tallos de brócoli y la patata, sazonar generosamente con pimienta y sal. Añadir el caldo a la mezcla de patatas; poner una tapa y cocer a fuego lento durante 10 minutos hasta que las patatas estén tiernas.

2 Incorporar a la sopa los ramilletes de brócoli y cocer a fuego lento durante 5 minutos hasta que el brócoli esté blando. Con una batidora de inmersión, licuar la sopa hasta que quede suave.

3 En una cacerola pequeña, calentar 3 cucharadas de mantequilla a fuego medio; remover la nata espesa, la leche y la harina en la mantequilla calentada. Sazone con pimienta y sal. Remover la mezcla de leche durante 5 minutos hasta que espese y burbujee. Incorporar la mezcla de leche espesada a la sopa hasta que se mezcle; ajustar la cantidad de pimienta y sal.

Nutrición: Calorías: 364 Proteínas: 8,2 Grasas totales: 25,9 Carbohidratos: 27,9

La mejor sopa cremosa de la historia

Tiempo de preparación: 15 minutos

Tiempo de cocción 30 minutos

Raciones: 4-7

Ingredientes

- 1/4 de taza de mantequilla
- cebollas medianas, picadas
- cabezas de brócoli, separadas en ramilletes
- 1 cabeza de coliflor, separada en ramilletes
- tazas de agua
- libras de patatas, peladas y cortadas en cubos
- 1 paquete (6 onzas) de espinacas tiernas, picadas gruesas
- cubos de caldo de pollo
- tazas de queso Cheddar rallado

Direcciones:

1 En una olla grande, calentar la mantequilla a fuego medio. Poner las cebollas y saltearlas hasta que estén blandas. Poner la coliflor y el brócoli en una olla grande con un mínimo de 6 tazas de agua. Hiérvelo y cocina hasta que el brócoli esté tierno como un tenedor pero siga siendo de un verde vibrante. Cuela guardando 5 tazas del líquido.

2 En una olla con las cebollas, añadir las 5 tazas de líquido guardado. Hiérvelo; añade los cubos de caldo, las espinacas y las patatas. Cocer hasta que las patatas estén

blandas, unos 15 minutos. Sacar 1/2 de la sopa, y verterla en una licuadora o procesador de alimentos por tandas pequeñas para hacerla puré. Vuelve a ponerlo en la olla, y mezcla el queso Cheddar, la coliflor y el brócoli. Bátelo hasta que el queso se derrita, y disfrútalo inmediatamente.

Nutrición: Calorías: 324 Carbohidratos: 43,7 Proteínas: 13,1 Grasa total: 12,1

Sopa de queso y cerveza picante Big Game

Tiempo de preparación: 25 minutos

Tiempo de cocción: 40 minutos

Raciones: 3-7

Ingredientes

- cucharadas de mantequilla
- 1 cucharada de aceite de oliva
- 1 taza de apio finamente picado
- 1 taza de zanahoria finamente picada
- 1 diente de ajo picado
- 1 (32 onzas) cartón de caldo de pollo
- (12 onzas líquidas) latas o botellas de cerveza lager pálida de estilo americano
- 1 cucharada de salsa Worcestershire
- 1 cucharada de salsa de pimienta picante (como Tabasco®)
- cucharaditas de pimienta blanca
- cucharaditas de mostaza en polvo
- cucharaditas de cebolla en polvo
- cucharaditas de ajo en polvo
- 1 cucharadita de pimienta de cayena molida
- (10.75 onzas) latas de crema de pollo condensada
- 1 lata (10,75 onzas) de sopa condensada de queso Cheddar
- 1 (1 libra) de queso fundido, cortado en cubos

- 1/2 libra de queso pepperjack en bloque, rallado
- 1/2 libra de queso Cheddar afilado, rallado

Direcciones:

1 En una olla/horno grande, derretir la mantequilla con el aceite de oliva a fuego medio. Remover y cocinar el ajo, las zanahorias y el apio durante unos 8 minutos hasta que estén blandos. Vierta la pimienta de cayena, el ajo en polvo, la cebolla en polvo, la mostaza en polvo, la pimienta blanca, la salsa picante, la salsa Worcestershire, la cerveza y el caldo de pollo. Bata hasta que se combinen. Usar una batidora de mano para batir la mezcla hasta que esté suave; hervir. Bajar el fuego a bajo. Cocer a fuego lento durante 15 minutos. Mezcle la sopa de queso cheddar y la crema de pollo. Cocinar a fuego lento.

2 Mezcle el queso procesado; deje que se derrita. Cuando se haya derretido, mezcle el queso Cheddar afilado y el pepper jack, un poco cada vez, dejando que cada adición se derrita en la sopa antes de añadir la siguiente. Cocine la sopa a fuego lento durante 15-20 minutos más hasta que el queso se derrita completamente y los sabores se fusionen.

Nutrición: Calorías: 428 Carbohidratos: 16,3 Proteínas: 18,6 Grasas: 29,2

Sopa de Brie

Tiempo de preparación: 15 minutos

Tiempo de cocción: 40 minutos

Raciones: 2-4

Ingredientes

- tazas de caldo de pollo
- 1/4 de taza de mantequilla
- 8 cucharadas de harina común
- 12 onzas de queso Brie
- 3/8 de taza de vino blanco
- onzas de zanahorias en juliana
- 1/4 de taza de apio picado
- onzas de champiñones frescos, cortados en rodajas
- 1/4 de taza de nata para montar
- Sal y pimienta al gusto

Direcciones:

1 En una cacerola, derrita la mantequilla a fuego lento. Añadir la harina y mezclar bien, cocinando hasta que empiece a dorarse. Verter el caldo y batir enérgicamente, cocinar hasta que hierva y bajar a fuego lento. Desnatar la harina y la mantequilla y cualquier impureza que suba a la superficie y seguir cocinando a fuego lento hasta que la veloute se haya cocinado hasta 2/3 de su cantidad inicial y la salsa adquiera la consistencia de una crema espesa.

2   Pasar por un colador fino. A fuego lento, volver a poner la veloute en la sartén y añadir el queso brie, cocinar lentamente y remover de vez en cuando, hasta que el queso se derrita. Añada las verduras y el vino y cocine a fuego lento hasta que las verduras estén al dente. A fuego lento, calentar la nata espesa y verterla en la sopa. Salpimentar la sopa al gusto. Decorar con cebollino o cebollino fresco.

Nutrición: Calorías: 349 Grasas totales: 27,2 Carbohidratos: 10,2 Proteínas: 13,5

Sopa de arroz Arborio y judías blancas

Tiempo de preparación: 15 minutos

Tiempo de cocción: 20 minutos

Raciones: 2-3

Ingredientes

- 1 cucharada de aceite de oliva
- dientes de ajo picados
- 3/4 de taza de arroz arborio sin cocer
- 1 cartón (32 onzas) de caldo de verduras
- 3/4 de cucharadita de albahaca seca
- 1/2 cucharadita de tomillo seco
- 1/4 de cucharadita de orégano seco
- 1 paquete (16 onzas) de mezcla congelada de brócoli y coliflor
- 1 lata (15 onzas) de alubias cannellini, enjuagadas y escurridas
- tazas de espinacas frescas
- Gajos de limón, opcional

Direcciones:

1   Calienta el aceite en una cacerola grande a fuego medio; saltea el ajo durante 1 minuto. Añadir el arroz; mezclar y cocinar durante 2 minutos. Incorporar las hierbas y el caldo; hervir. Bajar el fuego; cocer a fuego lento tapado durante 10 minutos hasta que el arroz esté al dente.

2   Mezclar las judías y las verduras congeladas; cocinar tapado a fuego medio durante 8-10 minutos hasta que el arroz esté tierno y caliente, mezclando de vez en cuando. Añade las espinacas hasta que se ablanden y sírvelas con zumo de limón si lo deseas.

Nutrición: Calorías: 303 Carbohidratos: 52g Proteína: 9g Grasa: 4g grasa

Sopa italiana de alubias blancas

Tiempo de preparación: 15 minutos

Tiempo de cocción: 25 minutos

Raciones: 2-4

Ingredientes

- 1 cucharada de aceite de oliva
- 1 patata mediana, pelada y cortada en dados de 1/2 pulgada
- zanahorias medianas, picadas
- 1 cebolla mediana picada
- costillas de apio, picadas
- 1 calabacín mediano, picado
- 1 cucharadita de chile jalapeño sin semillas picado finamente
- 1 lata (15-1/2 onzas) de alubias blancas, enjuagadas y escurridas
- a 2-1/2 tazas de caldo de verduras o de pollo
- 1 lata (8 onzas) de salsa de tomate
- cucharadas de perejil fresco picado o 2 cucharaditas de copos de perejil seco
- 1-1/2 cucharadita de tomillo fresco picado o 1/2 cucharadita de tomillo seco

Direcciones:

1   Calienta el aceite a fuego medio-alto en el horno. Poner las zanahorias y la patata; cocinar y mezclar durante 3

minutos. Poner el jalapeño, el calabacín, el apio y la cebolla; cocinar y mezclar hasta que las verduras estén tiernas y crujientes, 3-4 minutos.

2 Mezclar el resto de los ingredientes; llevar a ebullición. Bajar el fuego; cocer a fuego lento, tapado, hasta que las verduras estén tiernas, entre 12 y 15 minutos. Para congelar: congelar la sopa enfriada en recipientes para congelar. Descongelar parcialmente durante la noche en la nevera para utilizarla. Calentar en una cacerola, mezclando de vez en cuando y, si es necesario, vertiendo un poco de agua o caldo.

Nutrición: Calorías: 164 Carbohidratos: 29g Proteínas: 8g Grasas: 3g Fibra: 6g

VERDURAS

Pinchos de desayuno

Tiempo de preparación: 10 minutos

Tiempo de cocción: 10 minutos

Porciones: 6

Ingredientes

- 1 paquete (7 onzas) de salchichas congeladas Jones All Natural Fully Cooked Sausage Links, descongeladas
- 1 lata (20 onzas) de piña en trozos, escurrida
- setas frescas medianas
- cucharadas de mantequilla derretida
- Jarabe de arce

Dirección:

1 Partir las salchichas por la mitad y ensartarlas alternativamente con los champiñones y las piñas en cinco brochetas de metal o de madera empapadas en agua. Unte con mantequilla y almíbar antes de asarlas en una parrilla abierta a fuego medio, dándoles la vuelta y rociándolas hasta que las salchichas se doren ligeramente y las frutas se calienten del todo, unos 8 minutos.

Nutrición: 246 calorías 1g de fibra 13g de carbohidratos 7g de proteínas.

Setas a la parrilla ganadoras del concurso

Tiempo de preparación: 5 minutos

Tiempo de cocción: 15 minutos

Porción: 4

Ingredientes

- 1/2 libra de champiñones frescos medianos
- 1/4 de taza de mantequilla derretida
- 1/2 cucharadita de hierba de eneldo
- 1/2 cucharadita de sal de ajo

Dirección:

1 Ensartar los champiñones en 4 brochetas de madera o metal remojadas. Mezcle la sal de ajo, el eneldo y la mantequilla, y aplique la mezcla sobre los champiñones. Asar a fuego medio-alto hasta que estén blandas, unos 10-15 minutos, rociando y dando la vuelta cada 5 minutos.

Nutrición: 112 calorías 2g de proteínas 3g de fibra

Brochetas de setas a la parrilla

Tiempo de preparación: 10 minutos

Tiempo de cocción: 10 minutos

Porción: 4

Ingredientes

- 1/2 libra de espaguetis, sin cocer
- 1/4 de taza de salsa barbacoa dulce y picante BULL'S-EYE
- dientes de ajo
- 1 cucharadita de jengibre picado
- 1 libra de cada uno de los hongos cremini y shiitake

Dirección:

1 Siga las instrucciones de cocción de los espaguetis del paquete, pero omita la sal. Combine el ajo, el jengibre y la salsa barbacoa hasta que estén bien mezclados. Ensarta los champiñones alternativamente en las ocho brochetas.

2 Asa los champiñones, dándoles la vuelta y rociándolos de vez en cuando con la mezcla de salsa barbacoa durante 12 minutos. Escurrir los espaguetis cocidos y servirlos con las setas.

Nutrición: 300 calorías 2g de grasas totales 14g de proteínas

Bocados de bacon con setas

Tiempo de preparación: 5 minutos

Tiempo de cocción: 15 minutos

Servir: 12

Ingredientes

- 24 setas frescas medianas
- 12 tiras de bacon, cortadas por la mitad
- 1 taza de salsa barbacoa

Dirección

1   Envuelva cada champiñón con un trozo de bacon; utilice un palillo para asegurarlo. Ensartar los champiñones envueltos en tocino en brochetas de madera o metal empapadas. Unte uniformemente con salsa barbacoa. Ase sin tapar durante 10 a 15 minutos a fuego medio indirecto, dándoles la vuelta y rociándolos de vez en cuando, o hasta que los champiñones estén tiernos y el beicon crujiente.

Nutrición: 226 calorías 23mg de colesterol 5g de proteínas.

Brochetas de camarones

Tiempo de preparación: 5 minutos

Tiempo de cocción: 15 minutos

Porción: 6

Ingredientes

- libras de camarones jumbo sin cocer
- cebollas grandes
- 16 setas frescas grandes
- pimientos verdes grandes, cortados en trozos de 1-1/2 pulgadas
- 16 tomates cherry

Dirección:

1 Vierta media taza de aderezo italiano sobre los camarones en una bolsa de plástico grande con cierre. Corta 8 gajos de cada cebolla. Tome otra bolsa de plástico grande con cierre y coloque las verduras y el resto del aderezo. Cierra ambas bolsas, dales la vuelta para cubrirlas y refrigéralas durante 2 horas, dándoles la vuelta de vez en cuando. Escurra ambas cosas, desechando la marinada. Alternar las gambas y las verduras en ocho brochetas de metal o de madera previamente remojadas. Cocine las brochetas en una parrilla cubierta a fuego medio, o ase a 4 pulgadas del fuego, dándoles la vuelta de vez en cuando, durante 6

minutos o hasta que las gambas acaben de ponerse rosadas.

Nutrición: 150 calorías 2g de grasa 3g de fibra 13g de carbohidratos 21g de proteínas.

MERIENDA Y POSTRES

Tiempo de preparación: 10 minutos

Tiempo de cocción: 25 minutos

Porciones: 8

Ingredientes:

- Aceite de oliva en spray, para preparar la sartén
- 1 taza de harina de almendra
- ½ taza de harina de coco
- ½ cucharadita de bicarbonato de sodio
- 1 cucharadita de sal
- ½ taza de aceite de coco, a temperatura ambiente
- ¼ de taza de sustituto del azúcar (como Swerve)
- 1 huevo grande
- Una cucharadita de extracto de vainilla
- 1 taza de chispas de chocolate sin azúcar

Direcciones:

1. Precalentar el horno a 350 F
2. Rocía una sartén de hierro fundido de 9 pulgadas, un molde para tartas o un molde para pasteles con spray para cocinar o engrásalo con aceite de coco.

3. En un bol grande, bata la harina de almendras, la harina de coco, el bicarbonato y la sal. Añadir el aceite de coco, el sustituto del azúcar, el huevo y la vainilla, y batir hasta que se combinen. Incorporar los trozos de chocolate.
4. Vierta la masa en la sartén preparada.
5. Hornéalo de 20 a 25 minutos, o espera hasta que esté dorado en los bordes y pegajoso en el centro.
6. Dejar reposar de 5 a 10 minutos
7. Servir caliente.

Nutrición: Calorías: 390 Grasas totales: 30g Proteínas: 7g Carbohidratos totales: 25g Colesterol: 33mg

Bombas de grasa de mantequilla de cacahuete

Tiempo de preparación: 15 minutos

Tiempo de cocción: 1 minuto

Porciones: 10

Ingredientes:

- Dos cucharadas de aceite de coco
- Dos cucharadas de mantequilla salada
- ¼ de taza de mantequilla de cacahuete
- ¼ de taza de sustituto del azúcar (como Swerve)
- Dos cucharaditas de extracto de vainilla
- Dos cucharadas de queso crema

Direcciones:

1. En un bol mediano apto para microondas, pon el aceite de coco, la mantequilla, la mantequilla de cacahuete, el sustituto del azúcar, la vainilla y el queso crema. Calienta en el microondas en incrementos de 15 segundos, revolviendo entre ellos hasta que todo esté derretido y combinado.
2. Vierte la mezcla en una bandeja de cubitos de hielo o en un molde para mini cupcakes y congela durante al menos 4 horas.

3. Sacar de los moldes. Guárdelo en un recipiente hermético o en una bolsa de plástico resellable en el congelador hasta 3 meses.

Nutrición: Calorías: 94 Grasas totales,: 9g Proteínas: 2g Carbohidratos totales: 1g Colesterol: 9mg

Coliflor asada con prosciutto, alcaparras y almendras

Tiempo de preparación: 5 minutos

Tiempo de cocción: 25 minutos

Raciones: 2

Ingredientes:

- 12 onzas de floretes de coliflor
- Dos cucharadas de grasa de tocino sobrante o de aceite de oliva
- Sal rosa del Himalaya
- Pimienta negra recién molida
- 2 onzas de jamón serrano cortado en trozos pequeños
- ¼ de taza de almendras fileteadas
- Dos cucharadas de alcaparras
- Dos cucharadas de queso parmesano rallado

Direcciones:

1. Precaliente el horno a 400 F. Forre un molde para hornear con un tapete de silicona para hornear o con papel pergamino.
2. Poner los ramilletes de coliflor en el molde preparado con la grasa de tocino y sazonar con sal y pimienta rosa del Himalaya. O, si utiliza aceite de oliva, rocíe la coliflor con aceite de oliva y sazone con sal y pimienta del Himalaya rosa.

3. Asar la coliflor durante 15 minutos.

4. Remover la coliflor para que todos los lados se cubran con la grasa del tocino.

5. Distribuya los trozos de prosciutto en la sartén. A continuación, añada las almendras fileteadas y las alcaparras. Remover para combinar. Espolvorear el queso parmesano por encima y asar durante 10 minutos más.

6. Dividir en dos platos, utilizando una espumadera, para no tener exceso de grasa en los platos, y servir.

Nutrición: Calorías: 288 Grasas totales: 24g Carbohidratos: 7g Fibra: 3g Proteínas: 14g

Champiñones mantecosos a fuego lento

Tiempo de preparación: 10 minutos

Tiempo de cocción: 4 horas

Raciones: 2

Ingredientes:

- Seis cucharadas de mantequilla
- Una cucharada de mezcla de aderezo ranchero seco envasado
- 8 onzas de champiñones cremini frescos
- Dos cucharadas de queso parmesano rallado
- Una cucharada de perejil italiano fresco de hoja plana picado

Direcciones:

1. Con el inserto de la olla en su lugar, precaliente la olla de cocción lenta a baja temperatura.
2. Ponga la mantequilla y el aderezo ranchero seco en el fondo de la olla de cocción lenta, y deje que la mantequilla se derrita. Remueve para mezclar la mezcla de aderezo y la mantequilla.
3. Añade los champiñones a la olla de cocción lenta y remueve para cubrirlos con la mezcla de mantequilla y aliño. Espolvorear la parte superior con el queso parmesano.
4. Cierre la tapa y cocine a fuego lento durante 4 horas.

5. Utilizar una espumadera para pasar los champiñones a una fuente de servir. Cubra con el perejil picado y sirva.

Nutrición: Calorías: 351 Grasa total: 36g Carbohidratos: 5g Fibra: 1g Proteínas: 6g

Calabacín gratinado al horno

Tiempo de preparación: 10 minutos

Tiempo de cocción: 25 minutos

Raciones: 2

Ingredientes:

- Un calabacín grande, cortado en rodajas de ¼ de pulgada de grosor
- Sal rosa del Himalaya
- 1 onza de queso Brie, sin corteza
- Una cucharada de mantequilla
- Pimienta negra recién molida
- 1/3 de taza de queso Gruyere rallado
- ¼ de taza de cortezas de cerdo trituradas

Direcciones:

1. Salar las rodajas de calabacín y ponerlas en un colador en el fregadero durante 45 minutos; los calabacines soltarán gran parte de su agua.
2. Precalentar el horno a 400 F.
3. Cuando el calabacín haya estado "llorando" durante unos 30 minutos, en una cacerola pequeña a fuego medio-bajo, calentar el queso Brie y la mantequilla, removiendo ocasionalmente, hasta que el queso se haya derretido y la mezcla esté bien combinada, unos 2 minutos.

4. Coloque los calabacines en una fuente de horno de 8 pulgadas, de modo que las rodajas de calabacín se superpongan un poco y sazone con pimienta.
5. Vierta la mezcla de queso Brie sobre el calabacín y cubra con el queso Gruyère rallado.
6. Espolvorear las cortezas de cerdo trituradas por encima.
7. Hornear durante unos 25 minutos, hasta que el plato esté burbujeante y la parte superior esté bien dorada, y servir.

Nutrición: Calorías: 355 Grasas totales: 25g Carbohidratos: 5g Fibra: 2g Proteínas: 28g

Rábanos asados con salsa de mantequilla marrón

Tiempo de preparación: 10 minutos

Tiempo de cocción: 15 minutos

Raciones: 2

Ingredientes:

- 2 tazas de rábanos cortados por la mitad
- Una cucharada de aceite de oliva
- Sal rosa del Himalaya
- Pimienta negra recién molida
- Dos cucharadas de mantequilla
- Una cucharada de perejil italiano fresco de hoja plana picado

Direcciones:

1. Precalentar el horno a 450 F.
2. En un recipiente mediano, mezcle los rábanos con el aceite de oliva y sazone con sal y pimienta rosa del Himalaya.
3. Extiende los rábanos en una bandeja de horno en una sola capa y ásalos durante 15 minutos, removiendo a mitad de camino.
4. Mientras tanto, cuando los rábanos se hayan asado durante unos 10 minutos, en una cacerola pequeña y clara a fuego medio, derrita la mantequilla por completo,

removiendo con frecuencia, y sazone con sal rosa del Himalaya. Esperar a que la mantequilla empiece a burbujear y hacer espuma, y seguir removiendo. Cuando el burbujeo disminuya un poco, la mantequilla debe tener un bonito color marrón nuez. El proceso de dorado debe durar unos 3 minutos en total. Pasar la mantequilla dorada a un recipiente apto para el calor (yo uso una taza).

5. Sacar los rábanos del horno y repartirlos en dos platos. Coloque la mantequilla marrón sobre los rábanos, cubra con el perejil picado y sirva.

Nutrición: Calorías: 181 Grasas totales: 19g Carbohidratos: 4g Proteínas: 1g

Judías verdes con parmesano y corteza de cerdo

Tiempo de preparación: 5 minutos

Tiempo de cocción: 15 minutos

Raciones: 2

Ingredientes:

- ½ libra de judías verdes frescas
- Dos cucharadas de cortezas de cerdo trituradas
- Dos cucharadas de aceite de oliva
- Una cucharada de queso parmesano rallado
- Sal rosa del Himalaya
- Pimienta negra recién molida

Direcciones:

1. Precaliente el horno a 400°F.
2. En un bol mediano, mezcle las judías verdes, las cortezas de cerdo, el aceite de oliva y el queso parmesano. Sazona con sal y pimienta rosa del Himalaya, y revuelve hasta que las judías estén bien cubiertas.
3. Extiende la mezcla de alubias en una bandeja de horno en una sola capa y ásala durante unos 15 minutos. A mitad de camino, sacuda un poco la sartén para mover las judías, o simplemente remuévalas.
4. Repartir las alubias en dos platos y servir.

Nutrición: Calorías: 175 Grasas totales: 15g Carbohidratos: 8g Fibra: 3g Proteínas: 6g

Filetes de coliflor al pesto

Tiempo de preparación: 5 minutos

Tiempo de cocción: 20 minutos

Raciones: 2

Ingredientes:

- Dos cucharadas de aceite de oliva, más para pincelar
- ½ cabeza de coliflor
- Sal rosa del Himalaya
- Pimienta negra recién molida
- 2 tazas de hojas de albahaca fresca
- ½ taza de queso parmesano rallado
- ¼ de taza de almendras
- ½ taza de queso mozzarella rallado

Direcciones:

1. Precaliente el horno a 425°F.
2. Untar una bandeja de horno con aceite de oliva o forrarla con un tapete de silicona para hornear.
3. Para preparar los filetes de coliflor, retira y desecha las hojas y corta la coliflor en rodajas de 1 pulgada de grosor. Puedes asar las migas de floretes sobrantes que se desprenden con los filetes.
4. Coloca los filetes de coliflor en la bandeja de horno dispuesta, y úntalos con el aceite de oliva. Quieres que la superficie esté ligeramente cubierta, para que se caramelice, sazona con sal y pimienta rosa del Himalaya.

5. Asar los filetes de coliflor durante 20 minutos.

6. Mientras tanto, ponga la albahaca, el queso parmesano, las almendras y dos cucharadas de aceite de oliva en un procesador de alimentos (o licuadora) y sazone con sal y pimienta rosa del Himalaya. Mezclar hasta que se combinen.

7. Esparcir un poco de pesto sobre cada filete de coliflor y cubrir con el queso mozzarella. Vuelva al horno y hornee hasta que el queso se derrita, unos 2 minutos.

8. Colocar los filetes de coliflor en dos platos y servirlos calientes.

Nutrición: Calorías: 448 Grasas totales: 34g Carbohidratos: 17 Fibra: 7g Proteínas: 24g

Ensalada de tomate, aguacate y pepino

Tiempo de preparación: 5 minutos

Tiempo de cocción: 0 minutos

Raciones: 2

Ingredientes:

- ½ taza de tomates de uva cortados por la mitad
- Cuatro pepinos persas pequeños o 1 pepino inglés, pelados y picados finamente
- Un aguacate, finamente picado
- ¼ de taza de queso feta desmenuzado
- Dos cucharadas de aderezo de ensalada a la vinagreta
- Sal rosa del Himalaya
- Pimienta negra recién molida

Direcciones:

1. En un bol grande, mezcle los tomates, los pepinos, el aguacate y el queso feta.
2. Añadir la vinagreta y sazonar con sal y pimienta rosa del Himalaya. Mezclar para combinar bien.
3. Repartir la ensalada en dos platos y servir.

Nutrición: Calorías: 258 Grasas totales: 23g Carbohidratos: 12g Proteínas: 5g

Palitos de calabacín con corteza de cerdo crujiente

Tiempo de preparación: 5 minutos

Tiempo de cocción: 25 minutos

Raciones: 2

Ingredientes:

- Dos calabacines medianos cortados por la mitad a lo largo y sin semillas
- ¼ de taza de cortezas de cerdo trituradas
- ¼ de taza de queso parmesano rallado
- Dos dientes de ajo picados
- Dos cucharadas de mantequilla derretida
- Sal rosa del Himalaya
- Pimienta negra recién molida
- Aceite de oliva, para rociar

Direcciones:

1. Precaliente el horno a 400°F.
2. Coloque las rodajas de calabacín con el lado cortado hacia arriba en la bandeja para hornear preparada.
3. Mezcle en un bol las cortezas de cerdo, el queso parmesano, el ajo, la mantequilla derretida y sazone con sal y pimienta rosa del Himalaya. Mezclar hasta que esté bien combinado.

4. Poner la mezcla de corteza de cerdo en cada palito de calabacín y rociar cada uno con un poco de aceite de oliva.

5. Hornear durante unos 20 minutos, o esperar a que la cobertura esté dorada.

6. Encienda la parrilla para terminar de dorar los palitos de calabacín, de 3 a 5 minutos, y sirva.

Nutrición: Calorías: 231 Grasas totales: 20g Carbohidratos: 8g Fibra: 2g Proteínas: 9g

Lightning Source UK Ltd.
Milton Keynes UK
UKHW022138100521
383500UK00003B/251